L6 SS 1009

FRANCE ET PANSLAVISME.

Trois races bien distinctes couvrent l'Europe. La première, la race latine, l'aînée des deux autres dans la civilisation, rajeunie par le mélange du sang des barbares, lors de la chute de l'empire romain, mais dans laquelle l'élément roman prédomine par ses mœurs, par ses lois, par sa religion, par les dialectes qu'elle parle, occupe l'occident et le midi de l'Europe, depuis le détroit de Gibraltar jusqu'aux bords du Rhin et aux Alpes Tyroliennes, depuis l'Océan jusqu'à l'Adriatique. Les Français, les Espagnols, les Italiens, les Portugais, les Belges sont des démembrements ce cette famille commune, autrefois groupée sous la domination romaine, et dont quelques colonies ont été s'égarer et se perdre au milieu des populations orientales de l'Europe, qui n'ont encore pu parvenir à se les assimiler. Dans ce groupe, la France occupe, et n'a pas cessé d'occuper le premier rang.

La seconde, par rang de date, est la race Germanique. Bien plus divisée politiquement que la précédente, elle s'en distingue par l'unité de son langage et de ses mœurs, et ce n'est pas sans difficulté que l'on arrive à comprendre comment il se peut faire qu'une pareille homogénéité se soit perpétuée jusqu'à ce jour, à travers et malgré les antagonismes compliqués, qu'avait développés dans son sein l'anarchie féodale du moyen âge.

Ce groupe occupe le centre de l'Europe, il s'étend depuis les bords du Rhin jusqu'aux frontières de la Hongrie, depuis le Tyrol jusqu'à la Baltique; il est aujourd'hui divisé politiquement en trente-sept nationalités artificielles, produits des derniers remaniements diplomatiques de l'Europe, et au premier rang desquelles apparaissent l'Autriche, la Prusse, la Bavière et la Saxe.

La troisième enfin, la dernière venue sur la scène de l'Europe, après avoir accompli sur elle-même, dans une obscurité profonde, un travail de reconstitution, se révèle tout-à-coup au commencement du dix-huitième siècle, inaugurant son intervention dans le système européen, par la bataille de Pultava et les merveilles de Pierre-le-Grand, c'est la race slave.

Ce groupe qui occupe tout l'orient de l'Europe, subit presque tout entier la domination du czar, et c'est à peine si quelques démembrements se rattachent politiquement à la race germanique, par l'intermédiaire de l'Autriche et de la Prusse.

En dehors de ces trois grandes races, quelques nationalités distinctes se rencontrent, presque toutes sans importance, et à l'exception d'une seule, absorbées par l'un des grands éléments que nous venons de signaler.

A l'orient, ce sont les Osmanlis, dont la puissance, sans racines, se maintient en équilibre au milieu des convoitises européennes. Ce sont les Grecs, qui par leur religion et leur caractère, semblent devoir aisément s'assimiler aux Slaves. Au centre, ce sont les Suisses, moitié français moitié allemands; ce sont les Hollandais et les Danois dont l'avenir semble d'être entraînés dans le tourbillon germanique. Au nord, ce sont les Suédois, à qui les Slaves ont déjà enlevé l'Ingrie, la Livonie, la Finlande, et qui doivent devenir forcément les satellites de cette race, — Enfin, à l'occident, ce sont les Anglais, nation complexe, au sein de laquelle se sont superposés, sans se confondre, les éléments les plus divers, et que son isolement du continent européen, en favorisant sa rapide et gigantesque expension coloniale et industrielle, a mise en position de ne se rattacher à aucune des grandes races continentales qui le couvrent, de s'affranchir de toute solidarité d'origine, et de vivre plus que tout autre de sa vie propre, à l'abri qu'elle est des atteintes de l'Europe, par les flots qui la baignent, et sa supériorité maritime, résultat incontestable des évènements, de sa position géographique et de son génie.

En résumé, trois grandes races ou familles humaines occupent le sol européen plus ou moins divisées ou plus ou moins compactes, suivant les vicissitudes de leur histoire; pour bien comprendre le travail qui s'accomplit aujourd'hui, pour essayer de pressentir quelles en peuvent être pour l'avenir les conséquences, il importe d'étudier dans l'histoire de chacune d'entr'elles les origines des démembrements qu'elles ont éprouvés, et de faire ressortir la cause actuelle et menaçante de ce besoin d'unité qui les tourmente à des degrés différents.

Race slave.

La première des trois qui réclame notre examen par son nombre, par sa cohésion, par la formidable unité de son gouvernement despotique, pour les dangers dont elle menace le monde, c'est la race slave, à la tête de laquelle se place, en la résumant en lui seul presque entière, l'empire de Russie. Ignorée pour ainsi dire, du monde civilisé jusqu'au dix-septième siècle, protégée par l'âpreté de son climat et l'étendue de ses déserts, elle ne prend part aux mouvements de l'Europe que par quelques uns de ses démembrements qui, placés aux confins de la race germanique, contractent avec elle des liens politiques et religieux. Ces démembrements sont la Pologne, la Croatie, la Bohême, la Moravie. Le reste de la grande famille slave, engagée dans une lutte avec les Tartares, acquiert par les nécessités mêmes de cette lutte, au sort de laquelle était attachée son indépendance, une cohésion qu'elle n'a plus perdue depuis. Le premier de ses boyards qui eut la gloire d'affranchir les Russes du joug des Tartares, fut Ivan Wasiliewits; mais ce n'est guère que vers la fin du dix-septième siècle, peu de temps après l'avènement de la dynastie des Romanofs, que sous la puissante impulsion de Pierre-le-Grand, elle sortit enfin de l'obscurité où elle était plongée, pour prendre militairement, maritimement, politiquement, une place qui n'a fait que s'accroître jusqu'à ce jour. Qui ne connaît les traditions ambitieuses que ce grand homme a léguées à sa patrie? Qui ne sait que par une sorte d'accord tacite entre les souverains et les boyards, ces derniers se soumettent à la domination la plus absolue, à la condition que le premier sera exclusivement dévoué au développement de la puissance russe? Qui ne sait que cette aristocratie si servile en apparence, qui subit sans résistances l'oppression la plus pesante, qui livre sa fortune, sa vie, sa liberté, au caprice d'un despote, tant que ce despote marche de son côté dans les voies que lui imposent les instincts ambitieux de la race slave, devient impitoyable et frappe infailliblement de la mort tout czar qui s'attarde dans ces voies, ou semble vouloir les abandonner.

Il y a quatre-vingts ans à peine que la maison allemande de Holstein est sur le trône russe, et sur les cinq souverains qu'elle a fournis, Pierre III, Catherine-le-Grand, Paul Ier, Alexandre et Nicolas II, Pierre III et Paul Ier ont payé de leur vie l'oubli momentané des conditions auxquelles il leur était donné d'exercer une tyrannique puissance; un sanglant mystère plane sur la mort du troisième; un seul, Catherine-le-Grand, épouse et à la fois complice de l'assassinat de Pierre III, est morte sur le trône, entourée jusqu'à la fin des hommages et de l'admiration de ses sujets. Quel terrible enseignement, et quel sujet de méditation!

Mais si Catherine a su habilement exploiter, d'abord à son profit, et féconder ensuite les passions ambitieuses des Slaves, si, plus que tout autre, elle a suivi hardiment les traditions de Pierre-le-Grand, elle a commis, il faut le reconnaître, une faute immense et peut-être à jamais irrémédiable, en divisant la grande famille orientale dont les Russes devaient former le noyau, par le partage de la Pologne; acte inique qui n'a cessé de peser sur la Russie comme un châtiment. Jusqu'alors le travail de reconstitution unitaire dans la famille slave s'était accompli par la force des évènements, un peu aveuglement peut-être; soit précipitation, soit méconnaissance, Catherine l'a tout-à-coup compromis, et l'Europe doit, nous le croyons, s'en applaudir.

Quoiqu'il en soit, cette faute a été tardivement reconnue : les soulèvements périodiques de la Pologne étaient des symptômes qui ne pouvaient échapper aux regards perçants de l'homme ambitieux et remarquable, qui, depuis vingt-cinq ans, préside à ses destinées. Pour réparer cette faute autant qu'il était en lui, il a arboré le drapeau du panslavisme, ou de l'unité slave. Quelles seront dans l'avenir les conséquences de ce retour à de meilleurs errements? Nul ne saurait le prévoir; mais quand on a pu voir des hommes comme Miskiewitz, le poète polonais par excellence, se rattacher, quoique exilé, au panslavisme, on ne saurait douter que malgré la haine qu'une ambition aveugle a si maladroitement suscitée depuis près de cent ans, entre les Russes et les Polonais, ces derniers ne soient demeurés slaves par le cœur, et qu'il ne soit possible à une politique intelligente, de combattre, au moins dans une certaine mesure, les aspirations vers l'indépendance polonaise, par la fascination que doit exercer l'aspect de la grandeur du slavisme.

Déjà les conséquences de ce protectorat se manifestent, et l'Europe serait bien aveugle et bien imprudente si elle ne prenait ses précautions. L'intervention de la Russie dans les affaires de l'Autriche est un fait d'autant plus menaçant, qu'il se produit sur une échelle immense, et qu'il tend à changer, à fausser le caractère traditionnel de la puissance autrichienne. Allemande par son origine, cette dernière s'était créé, au milieu de la race germanique, une supériorité formidable mais artificielle, en groupant autour des provinces héréditaires qui sont allemandes, des nationalités diverses, qu'une longue habitude et une domination paternelle, tendaient à germaniser. Dans cette agglomération singulière, sept à huit millions d'Allemands servaient en quelque sorte d'étiquette à une puissance hétérogène où les éléments non germaniques comptaient plus de vingt-quatre millions d'hommes, parmi lesquels les Slaves dominaient. De là cette prépondérance que l'Autriche exerçait dans la fédération allemande, bien qu'elle ne fût allemande que par le quart de ses habitants; de là sa politique séculaire, plutôt personnelle qu'allemande, exerçant, ainsi que nous l'établirons plus bas, dans la diète une pression constamment hostile à l'indépendance de l'élément germanique, ou ne favorisant son expansion qu'au profit du développement de sa puissance. De là enfin, en 1849, l'intervention protectrice du czar, qui encourage sa résistance à toute mesure qui aurait pour but la réalisation de l'unité allemande, et vient à la tête de 180,000 soldats faire briller le drapeau du panslavisme, aux yeux des soldats Slaves qui sont aujourd'hui la principale force des armées impériales autrichiennes. Faire de l'Autriche un perpétuel obstacle à la fondation de l'unité allemande, profiter de ses embarras intérieurs pour l'entraîner, malgré elle peut-être, dans le tourbillon du slavisme, s'en faire un satellite utile pour ses projets en orient, travailler surtout à la fondation de l'unité de la race slave par la confraternité du danger et de la victoire, sous le protectorat désormais incontesté de la Russie, telles sont les vues actuelles de la politique moscovite, vues qui, si elles se réalisaient en face de l'Europe immobile et trompée, seraient pleines de périls pour son avenir et pour son indépendance. C'est ce qui ressortira clairement de l'étude que nous allons faire de la race allemande et de la race latine.

Race germanique.

Un moment réunie à tout l'Occident de l'Europe sous la main puissante de Charlemagne, la Germanie ne tarda pas à s'en séparer par le traité de Verdun (843), qui assignait à chacun des petits-fils de ce conquérant, une part de son vaste empire. Dans ce partage, la Germanie échut à Louis-le-Germanique, mais la dégénérescence de la race Carlovingienne fut aussi rapide en Allemagne qu'en France, et dans le siècle suivant elle était remplacée par une dynastie saxonne. A la faveur de cette décrépitude anticipée du sang du grand roi, s'élevèrent une multitude de petits souverains, feudataires en apparence, mais en réalité presque indépendants d'une espèce de chef décoré du titre d'empereur, et qui devint électif par suite de la déchéance des Carlovingiens. Contenus au dixième siècle par l'ascendant d'Othon, on les voit pendant les onzième, douzième et treizième siècles, dans un état perpétuel de révolte contre le chef de l'empire, ou d'antagonisme entre eux, entretenant ainsi dans le sein de la race germanique une effroyable anarchie. Cette anarchie diminua un peu; et l'empire prit enfin une forme plus stable, dans le quatorzième siècle, par la promulgation de la bulle d'or, base principale de la constitution, consentie par tous les princes et pour la première fois par les députés des villes impériales.

C'est au milieu de ces convulsions que les Allemands portèrent au trône impérial, en 1273, un seigneur suisse, Rodolphe de Hapsbourg, qui fut la souche de la première et illustre maison d'Autriche. Longtemps dépositaire de la dignité impériale, cette maison porta son ambition en dehors du corps germanique ; elle étendit sa domination sur le Milanais, sur Naples, sur la Sicile, sur l'Espagne, sur les Pays-Bas; elle mit la France à deux doigts de sa perte; elle arriva enfin à rêver la monarchie universelle sous l'empereur Charles-Quint, duquel on a pu dire que le soleil ne se couchait jamais dans ses états.

Toutefois, au milieu de cet accroissement de la puissance autrichienne, un germe d'agitation s'était manifesté, qui menaçait sourdement l'Allemagne d'un embrasement universel. Luther avait paru. Entraînant une partie de la population et des princes, sa doctrine se répand avec rapidité dans ce vaste corps, et y prépare des disputes et des guerres de religion dans lesquelles les états secondaires doivent lutter énergiquement contre l'Autriche pour leurs libertés religieuses. Vaincus d'abord, mais secourus enfin par la France et par la Suède qui met dans la balance le génie et l'épée de Gustave-Adolphe, ils demeurent triomphants après une guerre qui n'a pas duré moins de trente ans. Le traité célèbre de Wesphalie (1646), résolut pour la première fois dans les temps modernes le problème de l'équilibre européen, en arrêtant le développement exagéré de la puissance autrichienne.

Religieuse dans son principe, cette guerre n'avait pas tardé à devenir politique; et en réalité, le système fédératif allemand, menacé dans son existence, eût fait place à une monarchie héréditaire si l'Autriche avait triomphé.

Bientôt le traité d'Utrecht (1713) en mettant un terme aux prétentions de la maison d'Autriche sur l'Espagne, acheva de la ramener à son caractère primitivement allemand, et borna désormais son rôle à l'exercice d'une prépondérance plus ou moins sérieuse sur la fédération germanique.

Mais voici surgir tout-à-coup, dans le sein même de cette fédération, et à la faveur des guerres que suscitent les nombreuses prétentions à la succession du dernier rejeton de Rodolphe, une influence nouvelle fondée par le génie d'un roi conquérant et à la fois sage dans ses conquêtes, qui, en agrandissant ses états au détriment du territoire autrichien (Silésie), semble lui preparer dans l'avenir une redoutable rivalité.

Luthérienne, la Prusse agrandie et puissante, devient le point d'appui et la sauvegarde des états secondaires et protestants. Allemande de fait autant que de nom, elle a sur l'Autriche l'avantage de personnifier mieux qu'elle l'élément germanique.

Point n'est besoin de rappeler ici l'histoire connue de tous, des vicissitudes par lesquelles a passé le corps germanique, pendant les guerres de la révolution et durant la domination française. Dissous en 1806, reconstitué par Napoléon sous son protectorat (confédération du Rhin) en dehors des influences bien amoindries alors de l'Autriche et de la Prusse, il est rétabli par le traité de Vienne (9 juin 1815) sous le nom de la confédération germanique, et représenté par une diète ayant son siège à Francfort sur le Mein. Dès ce moment et jusqu'à ce jour l'unité fédérale a été représentée par la diète; le titre et les prérogatives d'empereur d'Allemagne, objet de tant de convoitises, et causes de tant de guerres, sont supprimés.

Ainsi l'histoire du corps germanique présente trois périodes principales; la première date du jour où il cesse d'être absorbé dans l'immensité de l'empire d'occident, jusqu'à l'avènement de la maison de Hapsbourg. Uni d'abord sous un sceptre héréditaire, plus tard sous un pouvoir électif, il présente l'aspect de désordre et de confusion qui était alors commun à toute l'Europe. Dans la seconde, la maison de Hapsbourg allemande par son origine, mais s'appuyant sur des éléments étrangers, exerce d'un côté sur lui une pression constante, au moyen de laquelle elle devient le dépositaire du pouvoir impérial, bien qu'il soit électif, tandis que de l'autre, sa prépondérance en Allemagne lui sert à développer ses conquêtes au dehors. Ambition à double face, qui la porte à rêver et à réaliser presque à son profit la rétablissement du vaste empire de Charlemagne. Dans cette période, la France à peine délivrée de l'occupation anglaise, lutte énergiquement contre cette puissance formidable, depuis Charles VIII jusques à Louis XIV pendant près de 200 ans. Mise en péril au seizième siècle par Charles-Quint et Philippe II, elle se relève au dix-septième sous Henri IV, Louis XIII et Louis XIV. Durant ces deux siècles, absorbé qu'il est par l'intérêt autrichien, l'élément allemand disparait en quelque sorte, jusqu'au moment où les querelles religieuses soulevées par Luther, viennent le réveiller, et donnent à la France l'occasion de s'appuyer sur lui pour défendre sa propre nationalité menacée. Enfin, dans la troisième, l'Autriche est réduite à lutter à son tour contre la domination française et, chose plus grave peut-être pour elle, pendant les guerres de la succession occasionnées par la mort de l'empereur Charles VI, la Prusse acquiert dans le corps germanique une importante destinée à balancer plus tard celle de la maison de Lorraine qui doit recueillir l'héritage des Hapsbourg.

Quoiqu'il en soit, un fait demeure acquis et incontestable, c'est que depuis le treizième siècle jusqu'au dix-septième siècle, l'élément allemand a subi la prépondérance de l'intérêt autrichien, qui allemand de nom plutôt que de fait, marchait à l'unité par l'asservissement et la conquête; enfin que depuis le dix-septième siècle, et sauf le léger intervalle dû à la domination napoléonienne, cette prépondérance affaiblie, s'est néanmoins maintenue en s'amoindrissant graduellement, toujours appuyée sur des éléments étrangers.

Mais cet état de chose, tout anormal qu'il puisse paraître, aurait pu longtemps se maintenir, s'il n'était attaqué dans sa base même par le développement de l'esprit moderne. Ce n'est pas en vain que pendant vingt-cinq ans la

France révolutionnaire a pétri l'Europe sous le pied de ses chevaux. Ce n'est pas en vain qu'elle a prodigué son sang sur tant de champs de bataille. Derrière les armées de Napoléon et à son insu peut-être, marchaient les usages les idées françaises, dont chaque victoire du despote allait porter le germe un peu plus loin; ce germe n'a pas été perdu, le canon du despotisme est devenu le plus éloquent apôtre de la liberté.

Aussi après trente ans d'incubation, pendant lesquels l'Allemagne cicatrise ses blessures, l'esprit moderne éclate dans son sein, avec une force d'expansion irrésistible. L'histoire de cette année volcanique est présente à tous les esprits; au canon de Berlin, répondent celui de Prague et de Vienne. Entraînés par la force des évènements, tous les gouvernements allemands appellent les peuples à discuter et à décréter eux-mêmes les constitutions les plus libérales.

Alors deux faits d'une immense gravité se produisent : le premier, la convocation de l'assemblée nationale à Francfort, le second, l'épuration naturelle de l'élément allemand dans le sein de cette assemblée.

Quant au premier, il était la conséquence nécessaire de l'intervention des peuples allemands dans la direction de leurs propres affaires. Purement monarchiques, les gouvernements avaient seuls jusqu'alors concouru à la formation de la diète, et exercé chacun une influence qui se mesurait au degré de leur puissance respective. Devenus populaires, ils furent entraînés forcément à l'érection d'un pouvoir central populaire comme eux. Stimulée par le congrès de Manheim, la diète comprit cette nécessité impérieuse, et après avoir élaboré par les soins d'un *avant-Parlement* composé des notabilités allemandes, une loi electorale provisoire, elle s'empressa de résigner son mandat, aussitôt que l'assemblée nationale fut élue et réunie dans l'église Saint-Paul.

Dès ce jour tous les gouvernements allemands semblèrent avoir abdiqué leur part d'autorité centrale. Le vieil édifice de la fédération germanique s'écroula, et le peuple allemand tout entier fut convié à le reconstruire sur une autre base, et sous l'influence de l'esprit nouveau. Toutefois, la révolution qui avait substitué un parlement populaire à une diète composée seulement des représentants des gouvernements monarchiques, avait été trop subite; les esprits étaient depuis trop long-temps façonnés au joug de la prépondérance autrichienne, pour qu'elle ne tentât pas de se maintenir. Ses premiers efforts furent heureux. Un prince autrichien revêtu du titre de vicaire de l'empire fut investi des attributions du pouvoir exécutif; mais ce succès fut de courte durée; les députés allemands une fois réunis, ne pouvaient tarder à se compter et à se reconnaître. Quelques Polonais donnèrent le signal, et dès lors les députés élus dans la Bohême, la Moravie, la Gallicie, se trouvèrent entachés d'une origine non germanique; d'un autre côté la Lombardie insurgée et alors victorieuse, n'apportait pas son contingent de votes au profit de l'Autriche, et la Hongrie prétendant au maintien de sa nationalité distinctive, établissait à Pesth le siège de sa diète et de son gouvernement, dont un archiduc palatin tenait les rênes sous la suzeraineté de l'empereur.

De toutes ces circonstances devait résulter tôt ou tard un affaiblissement de l'influence autrichienne dans le sein du parlement de Francfort. Soutenue toutefois par les prédilections bien naturelles du vicaire de l'empire, par les efforts et le talent de M. de Schmerlink, autrichien chargé de la direction du ministere, elle fit energiquement tête à l'orage. Mais ses efforts furent vains. Soulevée dans le sein d'une assemblée allemande populaire, la question de l'annexion des pays non allemands à la fédération allemande, devait être résolue contre elle. C'était l'exclusion de l'Autriche, et le moment ne tarda pas à venir où nonobstant ses répugnances, le pouvoir exécutif dut confier la direction du ministère à M. de Gagnern, prussien dévoué au triomphe de la prépondérance prussienne.

On sait l'élévation du roi de Prusse au rang d'empereur d'Allemagne : on sait les obstacles que cette élévation a rencontrés de la part des gouvernements du sud, on sait enfin les causes apparentes, sinon les causes réelles, du conflit survenu entre le nouvel empereur et le parlement, et qui a servi de prélude aux luttes sanglantes.

Mais ce serait, nous le croyons, fausser le sens des évènements que d'attribuer à la conduite du roi de Prusse, une intention d'hostilité à la fondation de l'unité germanique. Doué de qualités supérieures, ce souverain ne saurait méconnaître le besoin de son époque; ambitieux par caractère, il ne fait certainement pasdéfaut au sentiment prussien, qui, par l'organe des chambres, l'aénergiquement convié à l'acceptation de la dignité impériale. En élevant des chicanes sur des détails de la constitution, il a évidemment visé plus loin et plus haut.

Accepter la constitution telle que le parlement de Francfort l'avait formulée, c'était se mettre en hostilité avec l'Autriche et tous les gouvernements du sud qui relevaient plus directement de cette puissance; c'était provoquer une scission, peut-être une lutte, dans laquelle ses armes même victorieuses se fussent dépopularisées. En ayant l'air au contraire de ménager ce gouvernement, en amenant par des difficultés, la dissolution anticipée de l'assemblée nationale, il a enlevé au pouvoir central son autorité et son appui, il l'a rendu impuissant à dominer la situation. Or l'Autriche engagée dans une guerre terrible avec la Hongrie, obligée de disséminer ses forces en Italie, réduite à implorer le secours des Russes, que peut-elle en ce moment pour l'Allemagne? Pendant ce temps le roi de Prusse prend la tête du mouvement, il étouffe l'insurrection de Dresde, porte ses troupes dans le Palatinat et sur Francfort, il groupe autour de lui le Hanovre, la Saxe, et une foule de principautés secondaires, il prend l'initiative de la promulgation d'une constitution unitaire, donne l'exemple d'une incessante activité, substitue ainsi par la force même des évènements l'influence jeune et pleine de sève de la Prusse, à l'influence éclipsée et décrépite de l'Autriche, apparaît enfin comme le seul des gouvernements allemands, capable de sauvegarder en même temps l'ordre et la liberté, et semble devoir rester le maître de la situation.

Il semble d'ailleurs que tous les évènements et même les plus heureux doivent fatalement tourner à l'encontre des vues du gouvernement autrichien; victorieux à Milan et à Vienne, il ne voit rien de mieux pour reconquérir d'un seul coup les positions perdues, que de grouper violemment dans un gouvernement et un parlement unitaires, les nationalités diverses et nombreuses, qui de gré ou de force, reconnaissent sa domination. Envers la Lombardie, cet acte n'avait pas de conséquences, car elle était vaincue depuis le Tyrol jusques à la frontière Piémontaise, mais pour la Hongrie ce fut une faute immense.

En possession d'un gouvernement représentatif distinct, bien plus avancés que l'Autriche dans les voies libérales, ayant leurs ministres, leur diète, leur vice-roi, au maintien desquels l'Autriche était engagée, les Hongrois ne pouvaient d'ailleurs pas oublier que c'était de leur propre volonté que le trône de Hongrie, électif d'abord, était devenu héréditaire, et que dans la guerre de la succession, Marie-Thérèse n'avait dû la couronne qu'à leur fidélité et à leur courage. A leurs yeux la maison de Lorraine portait les doubles liens de la chose jurée et de la reconnaissance; de leur côté, d'ailleurs, on les avait vus demeurer fidèles, malgré leurs différents avec le gouvernement impérial, à leurs vieux errements de loyauté, et lors de la deuxième insurrection de Vienne, (en décembre 1848), alors que le sort de la monarchie autrichienne était en quelque sorte dans leurs mains, ils avaient su résister à ces décevantes perspectives, et par leur inaction volontaire, assurer le triomphe de Windingraëtz.

En portant les armes au-delà de Presbourg, le gouvernement autrichien obéit donc à une inspiration bien funeste. Vainqueur, la Hongrie devenait pour lui,

çe qu'est pour les Russes la Pologne. Vaincu, il perdait son prestige, il était ré-
duit à subir le protectorat humiliant du czar.

Spectacle inattendu, et qui recommandera la Hongrie au respect et à l'admiration du monde; les armes de l'Autriche furent humiliees, repoussées au-delà
des frontières; et loin d'obéir à l'entraînemeut de la victoire, voulant jusques à
la fin porter à ses dernières limites, le respect du droit monarchique, bien qu'il
mit en péril leur nationalité, les Maggyars triomphants demeurèrent sujets de
l'empereur, jusqu'au moment où il appela contre eux les armées étrangères.

C'est ici que le rôle de la Russie commence, rien ne pouvait favoriser davantage ses projets. Quels seront les résultats de son intervention redoutable? Dieu
seul peut le savoir. Cent quatre-vingt mille hommes soutenus par une réserve
de deux cent mille ! La Hongrie résistera-t-elle à un tel débordement?
nous ne le pensons pas. Tout semble indiquer que dans peu l'Autriche régnera
sur des cœurs ulcérés, mais qu'elle inclinera son front devant l'autocrate.

L'Europe civilisée et libérale doit-elle attendre l'évènement avec indifférence?
Les vieilles races qui la couvrent, doivent-elles laisser le torrent déborder sans
lui opposer une digue? Telle est la question qu'il importe de poser, et dont l'é-
tude des antécédents et des intérêts de la race latine nous facilitera la solution.

Race latine. — France.

Après trois siècles d'intervalle, pendant lesquels les peuplades barbares du
Nord et de la Germanie s'étaient superposées par la conquête, aux populations
qui occupaient le midi et le couchant de l'Europe, le genie de Charlemagne
avait rétabli au profit d'une dynastie germaine, le vaste Empire d'occident. Sauf
une partie de la péninsule ibérique qui subissait le joug musulman, et le midi
de l'Italie où les Grecs et les Sarrasins se disputaient la prééminence, toutes les
autres provinces reconnaissaient sa domination. Cette puissance colossale avait
pour base et pour point de départ, la suprématie exclusive de la race super-
posée et conquérante, de la race franco-germanique.

Toutefois, cette unité immense qui renfermait dans son sein tant d'éléments
hétérogènes, superposés et ennemis, qui reproduisait au profit de l'élément germanique le dernier venu, l'asservissement des éléments antérieurs, dont l'admi-
nistration romaine avait donné l'exemple, qui accouplait tyranniquement des
races hostiles et vivaces, qui substituait une langue barbare à la langue latine,
(la seule que l'on écrivit alors), et à la langue romane, (la seule qui fut populaire), cette unité trompeuse ne pouvait se maintenir que sous une main puissante dirigée par un incomparable génie.

Mais avec la division de l'Empire entre ses descendants, naquirent les rivalités, avec les rivalités les guerres, avec les guerres la nécessité pour ceux
d'entre eux à qui n'était pas échue en partage la Germanie, de prendre leur
point d'appui sur la race conquise, au détriment de la race conquérante.

C'est dans les Gaules surtout que ce travail s'accomplit avec le plus de
promptitude et d'énergie. Le démembrement rapide de l'Empire de Charles dû
à une multitude de causes, mais principalement à l'incapacité de ses descendants, devait donner promptement naissance à cet état de morcellement indé-
fini qui, en France seulement, dans une période de moins de deux siècles, de
Charles-de-Chauve à Hugues Capet, produisit plus de 50 souve-
rainetés indépendantes qui, sous le nom de Duchés, de Comtés, etc., se parta-
geaient l'autorité.

Ainsi isolés par petites fractions, noyés, pour ainsi dire, au milieu des populations conquises de la Gaule, divisés d'ailleurs par les prétentions et les rivalités feodales, les hommes de la conquête devaient tôt ou tard se laisser absor-

ber par les populations primitives, et c'est ce qui arriva; aux mœurs et aux usages des conquérants, se substituèrent peu à peu les usages et les mœurs des peuples conquis. La langue du peuple qu'on appelait alors la langue romane ou romance, parce qu'elle était un dialecte de la langue latine, et qui, plus tard, en s'épurant, devait produire la langue française moderne, remplaça la langue tudesque qui était celle de la cour jusqu'à Charles-le-Chauve. Puis, les Gaulois l'emportant de plus en plus, sur la race franco-germanique, leur influence s'étendit de proche en proche sur le gouvernement, jusqu'à ce qu'enfin, après avoir été gouvernée pendant près de 6 siècles, par deux dynasties étrangères, la nation finit par chasser du trône le dernier rejeton de la famille germanique, et accomplit sa propre restauration en exaltant une dynastie nationale, dans la personne du petit-fils de Robert-le-Fort.

A cette dynastie nouvelle était réservée la longue et glorieuse mission, d'accomplir l'œuvre de l'unité française, de cette unité exceptionnelle qui fait l'envie et l'admiration du monde.

Quant aux provinces Lorraines où Lotharingiennes, ainsi nommées parce qu'elles étaient échues en partage à Lothaire, et qui s'étendaient entre l'Escaut, le Meuse, le Rhône, la Saône, le Rhin, les Alpes et la mer, elles furent successivement réunies à l'unité française, par des conquêtes, des alliances ou des héritages; et, bien qu'une partie en ait été violemment séparée par les traités de 1815, et forment aujourd'hui les provinces rhénanes et le royaume de Belgique, par leurs mœurs, par leur langue, elles doivent être rangées en deçà de la grande ligne de démarcation, qui sépare la race germanique de la race latine.

Italie.

En Italie un spectacle se présente bien différent, hélas! quant à la tendance vers l'unité, mais dans lequel on voit l'élément national divisé, matériellement asservi, triompher intellectuellement de l'élément de la conquête. Ce serait une histoire fort compliquée que celle de cette partie de l'Europe depuis Charlemagne jusqu'à nos jours. Au 10ᵉ siècle, une foule de petits tyrans et de villes aspirant à l'indépendance, mais déchirées par l'anarchie ; au onzième, expulsion des Sarrasins et des Grecs par les Normands. Mais bientôt le pouvoir des Papes s'accroît au milieu de ces luttes. La querelle des investitures entre Grégoire VII et Henri IV commence, pour se continuer avec des alternatives diverses entre l'autorité pontificale et l'empereur d'abord, puis ensuite les plus puissants souverains de l'Europe jusqu'à la fin du 13ᵉ siècle. Grégoire VII, Alexandre III, Innocent III, Innocent IV, Boniface VIII, sont les plus vigoureux champions, et les plus énergiques promoteurs de la suprématie du pouvoir papal, et secondent à leur insu peut-être en ne croyant défendre que leurs prérogatives , le développement de l'esprit national italien, qui, dans ce long antagonisme auquel tant d'unités politiques qui se partagent le sol de la péninsule sont appelées à prendre part, a besoin d'emprunter un nom étranger aux querelles qui divisent le corps germanique. (*Guelfes et Gibelins*) 1137.

Sans doute l'unité politique de ce malheureux pays est loin de se fonder, sans doute l'anarchie qui le déchire, excite les convoitises et donne lieu à ce long antagonisme , entre l'Autriche et la France , que nous avons signalé plus haut ; sans doute la Péninsule italique devient l'arène de l'Europe, et subit politiquement les vicissitudes de la victoire; mais elle n'en exerce pas moins sur ses conquérants et particulièrement sur la société française une immense influence. C'est par elle que le goût des arts, du luxe, de l'élégance se répandent, par elle que se popularisent les études des classiques et des lois romaines, par elle que le mouvement littéraire est dirigé. Au milieu même de cette oppression, de cette décadence, de ce dépècement que lui font subir tour-à-tour les armées allemandes, espagnoles, françaises qui la foulent, et dont elle est le champ de bataille, elle demeure, par ses mœurs, par sa langue, par sa religion, un des démembrements principaux de l'ancienne race latine; l'Italie enfin telle que nous la voyons aujourd'hui, manquant de cette cohésion qui donne la force, mais éprouvant, après tant de siècles de servitude et d'abaissement, une légitime aspiration vers l'indépendance, et portant dans son sein le germe, il faut l'espérer fécond, d'une résurrection nationale.

Espagne. — Portugal.

Pour la Péninsule ibérique, son histoire se résume en quelque sorte en une croisade de 8 siècles contre les Sarrasins, jusqu'au moment où toutes les forces indigènes réunies sous un sceptre unique par le mariage d'Isabelle et de Ferdinand-le-Catholique, parvinrent à délivrer le pays du joug musulman. Au point de vue où nous sommes placés en ce moment pour étudier les races qui habitent l'Europe, c'est là le seul fait que nous ayons à signaler dans l'histoire, d'ailleurs si pleine d'intérêt et si poétique, de la vaste contrée qui s'étend des Pyrénées au détroit de Gibraltar.

Ainsi donc, dans le laborieux travail que l'humanité a accompli pour passer du monde antique au monde moderne, à mesure que les ténèbres répandues sur l'Europe par la chute de l'Empire romain se dissipent, on aperçoit peu à peu les grandes races qui la couvrent, d'abord mêlées par la superposition de la conquête des barbares, se divisant en trois grandes familles bien distinctes, séparées par des lignes de démarcation qui, si elles ne sont pas toujours très prononcées géographiquement, le sont par les langues qu'elles parlent. Ce travail s'accomplit naturellement à l'insu des gouvernements et des races même, par la force des choses. Tous les évènements, toutes les formes politiques le servent et le fécondent, tout ce qui semble devoir lui faire obstacle devient fatalement un moyen. En Russie c'est la lutte contre les Tartares; en Allemagne ce sont les guerres de religion; en France c'est la division de l'empire d'occident et le morcellement féodal, qui préparent et produisent l'absorption de la race conquérante par la race conquise; en Espagne c'est la longue croisade contre les Sarrasins; en Italie c'est le développement du pouvoir sacerdotal secondé par le goût des arts, des sciences, de la littérature, dont cette terre privilégiée avait gardé plus que toute autre le dépôt, au milieu de la barbarie du moyen-âge ; et nulle part cette tendance de l'humanité ne se révèle plus clairement que dans cette partie de l'Europe. C'est vainement qu'elle devient successivement la proie de tous les conquérants; c'est vainement qu'elle est opprimée, dépecée, dégradée par l'esclavage; après tant de siècles d'abaissement ses tronçons palpitent de nouveau, l'instinct italien se réveille, et nous assistons aux premiers et significatifs efforts d'une nationalité qui ne veut et ne doit pas mourir.

Mais ce serait trop que de demander à l'Italie de se suffire à elle-même. La lutte que quelques-uns de ses enfants viennent de soutenir, est un jalon posé vers des destinées meilleures, que les hommes d'état doivent marquer d'avance afin de le retrouver plus tard. C'est vers l'Allemagne surtout que nos regards doivent se porter : c'est là que le mouvement qui tend à la reconstitution des races, acquiert dès aujourd'hui des proportions vastes, et revêt des formes significatives. Placée au centre de l'Europe dont elle forme en quelque sorte le noyau, elle obéit en cherchant à se grouper, à un instinct de conservation que sa position géographique, non moins que ses antécédents et ses souvenirs doivent développer. *Il faut se garder contre l'orient et l'occident!* Tel fut le cri qui retentit chez elle aussitôt après les évènements de février, et qui inaugura les premiers essais de reconstitution unitaire. C'est que, des épreuves terribles que lui avaient fait subir les grandes guerres de Napoléon, il ressortait pour elle un précieux enseignement. Dans cette lutte gigantesque, la Russie seule, protégée par ses déserts et ses frimats, avait balancé la fortune du conquérant moderne, et le moment était venu où l'on avait pu voir les deux empereurs, l'un dominant la race slave, l'autre la race latine, se partager l'Europe à Tilzit, avec le tranchant de leurs épées. Puis, quand l'étoile de Napoléon avait pâli, la race slave était alors intervenue dans les affaires de l'Europe, avec une prépondérance qu'aucune puissance allemande ne s'était trouvée en mesure de lui disputer. *Gardons-nous contre l'orient et l'occident !* Tel était donc le cri que devaient pousser naturellement les populations allemandes, à l'aspect de la conflagration générale, qui paraissait sur le point d'éclater. Ainsi les souvenirs de la marche triomphale des Français vers l'orient à travers l'Allemagne, et le souvenir du retour offensif des Slaves vers l'occident, inspirant à la race allemande de salutaires terreurs, rendaient plus impérieux encore ce besoin d'unité que l'Allemagne porte en elle, et que les gouvernements allemands devront satisfaire sous peine des plus grands périls. Dans les premiers instants (en mars, avril, mai 1848) cette nécessité parut si pressante, que l'on vit les hommes d'état et les gouvernements rivaliser de zèle avec les populations pour la satisfaire. Malheureusement le gouvernement qui était en possession de la prépondérance dans la diète germanique, était plus allemand de nom que de fait, ainsi que nous l'avons établi; et quand l'élément national voulut se compter et s'épurer, des difficultés surgirent, qui ont produit les complications actuelles. Ou nous nous trompons grossièrement, ou ces difficulés ont été fatales, non seulement pour l'Allemagne, mais pour l'Europe, et en particulier pour la France.

C'est le propre des agitations révolutionnaires de savoir s'emparer des tendances des populations pour les égarer en les exploitant. Faibles par le nombre et plus encore par le talent, lorsque les révolutions de mars éclatèrent, les révolutionnaires italiens et allemands, servirent d'abord d'appoint à ces majorités nationales, qui, dans l'un et l'autre pays, tendaient à se reconstituer. Si, dès lors, les gouvernements allemands d'un côté, et les gouvernements italiens de l'autre, avaient pu se mettre d'accord, et marcher en commun vers ce but que leur assignaient à la fois leurs intérêts et leur devoir, l'Europe eût évité les convulsions qui l'agitent. Il n'en fut pas ainsi, et il faut le reconnaître; il était bien difficile qu'il en fût ainsi. Comment en effet auraient-ils pu avoir tous l'énergie, la pénétration, et l'indépendance nécessaires, pour s'affranchir des vieilles traditions politiques, et entrer résolument dans des voies nouvelles? Un moment entraînés par l'élan des populations, ils ne tardèrent pas à se diviser en Italie comme en Allemagne. Il faut le dire aussi, à titre d'excuse pour quelques-uns, ils furent effrayés par les exagérations démagogiques, que l'exubérance de l'époque faisait surgir. Il est en effet dans la destinée de certains hommes, de compromettre toutes les causes qu'ils embrassent, en réveillant les souvenirs des époques néfastes par *leur emportement et leur fureur* [*]. En Italie comme en Allemagne, leur déplorable influence a tout paralysé; elle a épouvanté les hommes d'état sérieux, elle a fait reculer les gouvernements qu'elle menaçait dans leur existence, elle a terrifié les populations en leur offrant la perspective des exactions et de la guerre civile, elle a entravé l'essor du sentiment national, par le mélange dissolvant du sentiment révolutionnaire.

Eh bien! nous le croyons fermement, et nous n'hésitons pas à le dire : un des moyens les plus efficaces de combattre ce sentiment révolutionnaire exagéré qui exploite les plus mauvais instincts, qui, s'il n'est arrêté, achemine l'Europe vers la décadence, c'est de seconder dans ses tendances légitimes, ce sentiment national qui est un des plus impérieux besoins de notre temps. Ce serait une

[*] Paroles de M. le général Cavaignac.

noble et grande politique, que celle qui comprendrait ce besoin. Dans ses vastes proportions, elle noierait toutes ces passions sordides, elle donnerait satisfaction à ces instincts populaires si puissants et si vivaces, qui ne demandent qu'à être dirigés dans leurs voies naturelles, et qui s'égarent parce que leurs guides leur font défaut.

A notre sens tous les hommes qui, depuis la révolution de février, ont porté ces questions à la tribune, ont commis un anachronisme. Préoccupés des souvenirs de la première révolution, ils n'ont cessé de représenter l'Europe comme prête à se coaliser contre la France. La coalition! tel a été le mot d'ordre de toutes les interpellations.

Sans doute les gouvernements européens ne doivent avoir pour la France que des sympathies douteuses. Sans doute les peuples chez lesquels vit encore le souvenir de nos conquêtes et de notre oppression, manquent de confiance en nous; mais si l'on veut bien prendre la peine de comparer l'état de l'Europe en 1849, à l'état de l'Europe en 1792, ou demeurera convaincu que le temps des manifestes de Brunswick est passé. En 1792, les peules n'étaient rien, les gouvernements étaient tout. Or tous les gouvernements, quels que fussent leurs intérêts, devaient considérer la révolution française comme un ennemi commun, et se coaliser contre elle. En 1849 au contraire, envahis par la contagion des idées libérales, les peuples se sont fait une large part dans le maniement de leurs intérêts, et les gouvernements ne sauraient, comme à la fin du dernier siècle, les coaliser et les précipiter sur la France, sans leur consentement. En 1792, l'Autriche, la Prusse, l'Allemagne, la Sardaigne, l'Espagne, le Portugal, l'Italie, reconnaissaient des souverains absolus; aujourd'hui il n'est pas une de ces contrées qui n'ait été visitée par le vent révolutionnaire; et les souverains constitutionnels qui les gouvernent ont déjà trop de leurs embarras intérieurs, sans s'exposer, contre la France, à une guerre de principes, dont nul ne saurait prévoir la fin. A notre avis les situations sont tellement dissemblables, que l'on peut dire hardiment, que sans le souvenir de la domination napoléonienne, qui a produit une coalition des peuples tout autant que des gouvernements en 1813, la majeure partie de l'Europe, loin d'être contre nous, serait avec nous. La grande difficulté de notre politique extérieure n'est donc pas tant dans le mauvais vouloir des gouvernements européens, que dans les défiances qu'inspire aux peuples cet esprit de conquêtes qui, au commencement de ce siècle, nous a fait déborder sur l'Europe depuis Lisbonne jusqu'à Moscou, et dont ils nous supposent encore aujourd'hui animés. D'ailleurs les intérêts des puissances européennes se sont singulièrement déplacés depuis 1792. L'Angleterre humiliée par l'émancipation des États-unis qui était due au secours de la France, poursuivait alors en nous la seule puissance qui balançât encore sa supériorité maritime et coloniale, tandis qu'aujourd'hui toute sa sollicitude tournée vers l'Inde, où nous ne saurions lui porter ombrage, est tenue en éveil par les empiétements de la puissance russe en orient. La rivalité de la Prusse et de l'Autriche, à peine en germe il y a 60 ans, est aujourd'hui complétement développée. L'Italie facile au joug, est devenue rebelle, et nous tend les bras. La Suisse hostile alors, serait neutre sinon sympatique; plus nous sondons les profondeurs de cette question, plus nous demeurons convaincus qu'a moins que notre politique n'aille imprudemment offenser les susceptibilités nationales, et fournir ainsi un point d'appui au mauvais vouloir qui pourrait exister parmi les gouvernements, nul danger de coalition n'existe aujourd'hui pour nous.

Mais si ce danger tel qu'on nous le présente est une chimère, est-ce à dire pour cela qu'il n'en faille pas prévoir un tout aussi grand, dans un avenir plus ou moins prochain? bien loin de la. Dans l'étude à laquelle nous venons de nous livrer, un fait nous frappe et nous épouvante à juste titre, c'est le développement et la cohésion du Panslavisme. A l'heure qu'il est 100 millions de slaves, groupés sous le même protectorat, marchent au même but, et s'aguerrissent sous les mêmes bannières. Quel est ce but? Telle est la question. Pour nous, nous ne saurions admettre que personne au monde surtout au ministère, puisse se porter garant des intentions et de la sincérité du gouvernement russe. Les vues ambitieuses de cette puissance nous sont trop démontrées, la finesse et la dissimulation de sa diplomatie nous sont trop connues, pour que nous nous en tenions à ses déclarations officielles. La Russie fait aujourd'hui pour l'Autriche ce qu'elle a fait pour la Pologne avant de l'absorber, ce qu'elle fait depuis longtemps pour Constantinople. Elle imite avec les modifications que les circonstances comportent, la politique anglaise envers tous ces états indiens qui passent successivement de sa tutelle sous sa domination. Le Protectorat est la transition qui conduit par une pente plus ou moins rapide à la dépendance.

Or, en face de cette agglomération colossale et homogène, qui est déjà presque formée en orient, que voyons-nous dans le reste de l'Europe? En Allemagne où le voisinage des Slaves a rendu ce danger plus apparent que pour nous, le besoin d'unité est impérieux sans doute ; mais le travail de reconstitution unitaire, est entravé par la rivalité de la Prusse et de l'Autriche, qui, dans cette œuvre est la complice de la Russie. En Italie, c'est encore l'Autriche, ayant la Russie pour arrière-garde, qui met obstacle à la réunion fédérative vers laquelle elle tend.

Ainsi pendant que l'élément slave s'agglomère, la politique russe, par le protectorat qu'elle exerce sur l'Autriche, tend à entretenir habilement la division dans l'élément allemand et dans l'élément latin, et acquiert ainsi la liberté d'action dont elle a besoin, pour donner l'essor à ses vues ambitieuses et traditionnelles sur tout l'orient de l'Europe.

Et il ne faudrait pas conclure de la distance qui nous sépare de la Mer noire, que la France doive demeurer indifférente à l'extension de la puissance russe en orient. Résistant aux convoitises d'Alexandre, Napoléon s'écriait à Tilzit : *Constantinople, c'est l'empire du monde!* à l'inverse d'un orateur qui a dit que les *clefs de Constantinople sont à Paris,* nous dirions, nous, que les *clefs de Paris sont à Constantinople;* en ce sens, que si les vues de la Russie viennent, comme tout semble le présager, à se réaliser sur les rives du Danube, l'élément slave uni et aguerri, pèsera d'un poids irrésistible sur l'Allemagne désunie, et par conséquent sur tout le reste de l'Europe qui subira plus ou moins directement sa domination. C'est là que se trouve à nos yeux le danger qui, pour ne pas être immédiat, n'en est pas moins immense.

En face de pareilles éventualités, la France a un rôle sublime à jouer, non seulement dans l'intérêt de sa grandeur et de sa sécurité propres, mais dans l'intérêt de la civilisation et de la vraie liberté de l'Europe. La première parmi les nations qui forment le groupe occidental, douée d'ailleurs d'un ascendant moral incomparable sur le monde, il lui appartient plus qu'à tout autre d'indiquer et d'ouvrir généreusement la carrière de l'avenir. Mais il faut pour cela qu'elle se hâte de secouer le joug de ces classifications déplorables, qui n'ont plus d'autre mérite que d'entretenir sur les yeux de chacun un bandeau de rancunes; il faut que, par des lois fermes et prévoyantes à l'intérieur, elle recouvre la liberté d'action qui lui manque à l'extérieur; il faut qu'elle arrache de son sein des hommes susceptibles d'inaugurer enfin une politique sincèrement, grandement nationale, devant laquelle devront s'incliner et disparaître tous ces discoureurs sans patriotisme, tous ces hommes de parti, qui ne savent qu'alterner une politique de tréteaux avec une politique d'effacement.

Jamais d'ailleurs l'état du monde n'a convié plus impérieusement la France à une initiative énergique; jamais les crises qui ont passé sur l'Europe, n'ont revêtu des formes et préparé des conséquences aussi colossales. Digne des méditations des philosophes, et des études les plus sérieuses des hommes d'état, le spectacle que nous avons sous les yeux est plein d'enseignements, auxquels il importe de ne pas fermer les yeux, certain que nous sommes, qu'ils doivent être comme la base et le point de départ d'une politique internationale toute nouvelle.

Pour tout homme, en effet, qui étudie attentivement et impartialement l'état présent de l'Europe, il est manifeste que les traités de 1815, qui ont eu pour but de fonder l'équilibre européen, au point de vue des intérêts des gouvernements, nullement du respect des nationalités, sont évidemment destinés à n'être qu'un incident diplomatique. Épuisée par des guerres gigantesques, à bout de son sang, l'Europe les a acceptés comme une halte à l'abri de laquelle elle pourrait cicatriser ses blessures et réparer ses forces. Déjà lacérés à Cracovie par la Russie et l'Autriche, qui ne voit qu'ils sont impuissants à établir long-temps le droit public international, qu'il suffit d'une étincelle pour les réduire en cendres, et que l'Europe marche forcément à un nouveau traité de Westphalie, soit par la diplomatie, soit par les armes?

Sur les frontières slaves, ils consacrent l'oppression de la Pologne, et préparent celle de la Hongrie; en Allemagne, le pouvoir central qu'ils avaient fondé, et qui multipliait les rivalités dans la diète, s'est écroulé au premier souffle révolutionnaire; en Italie, ils attachent, par la violence, une portion de la race latine, à l'agglomération autrichienne; en France, ils ont ébréché les frontières naturelles et humilié la nation.

Soutenir que de pareils traités, qui froissent à ce point les intérêts de tant de nationalités, qui emprisonnent tant d'instincts populaires, à une époque où les instincts populaires et les sentiments nationaux se réveillent irrésistibles, puissent long-temps encore servir de base au droit public européen c'est se refuser à l'évidence. Leur but d'ailleurs, on le sait, était de maintenir l'équilibre entre les puissances; qui oserait soutenir que cet équilibre n'est pas au moment de se rompre? Qui pourrait méconnaître que l'Autriche est irrésistiblement entraînée dans le tourbillon du slavisme? Qui ne verrait que la Russie, en se faisant un satellite de l'un des plus vieux et des plus puissants gouvernements de l'Europe, tend à asseoir indestructiblement sa domination sur tout l'orient? La Hongrie! mais c'est pour le czar le grand chemin de Constantinople, et Constantinople, on ne saurait trop le répéter après Napoléon, c'est, pour la Russie, l'empire du monde.

Et quand on considère que cette ligue redoutable, après avoir écrasé la Hongrie, est destinée à ne plus rencontrer un seul obstacle sérieux en orient, quand on voit avec quelle assurance elle emprunte le territoire ottoman comme si c'était son propre territoire, quand on la voit enserrer l'Allemagne entre ses bras depuis la Vistule jusqu'au Tessin, quand surtout (et nous nous plaçons ici au point de vue français), elle pousse ses soldats jusqu'à notre frontière, et se fait une avant-garde de l'Italie contre nous, est-il possible encore de méconnaître le danger? Croit-on par hazard que si les projets de l'ambition moscovite parviennent à se réaliser sur les deux rives du Danube, elle sera arrêtée par quelque scrupule envers l'Allemagne et envers nous? Qu'on le sache bien, les ambitieux ne reconnaissent d'autre droit public que la force!

Pour conjurer ce danger qui pourrait éclater dans un avenir plus prochain qu'on ne pense, la reconstitution de l'unité allemande, sous la prééminence de la Prusse, nous paraît être le pivot de la politique, dans laquelle il importe au plus tôt de s'engager. Accomplie en dehors de nous, cette œuvre eût été pleine de périls; secondée par notre influence, elle devient heureuse, parce qu'elle nous permet de poser nos conditions. Certes nous ne nous dissimulons pas les difficultés qu'elle doit rencontrer de la part de quelques gouvernements du sud, et en particulier de la maison de Bavière; mais nous ne sommes plus au temps où les répugnances d'un souverain étaient des obstacles invincibles, et nous ne doutons pas que ces répugnances ne dussent céder à l'entraînement des instincts populaires qui, à Munich comme ailleurs, tendent fortement vers l'unité. Nous ne saurions admettre davantage, qu'il soit impossible à une politique sage, ferme et habile d'établir entre les nations occidentales, un concert de volontés, qui tirerait son origine du danger commun. L'Angleterre sait bien que l'occupation de Constantinople par les Russes est pour elle une question de vie ou de mort. La Prusse ne saurait douter que l'Autriche ne cherche quelque jour à lui faire expier le rôle qu'elle joue en Allemagne. L'Allemagne qui a si longtemps et si énergiquement repoussé la domination de l'Autriche, accepterait-elle aujourd'hui de bonne grace, par son intermédiaire, le joug de la Russie?

Dans un pareil concert, qui rencontrerait pour auxiliaire en .orient la Turquie, la Hongrie, la Pologne, et quelques provinces danubiennes, l'Angleterre gagnerait sa sécurité quant à l'orient et à l'Inde ; la Prusse établirait sa suprématie en Allemagne; l'Allemagne, en repoussant la domination slave, assurerait son indépendance, et fonderait son unité; l'Italie serait délivrée de la tyrannie étrangère ; elle se reconstituerait fédérativement, sous le protectorat légitime de la France, avec laquelle elle est en communauté d'origine ; la France dédommagée aurait assis définitivement son influence sur la race latine, et jeté les bases d'une fédération occidentale, destinée à balancer plus tard, s'il le fallait, le poids de la fédération allemande et du panslavisme.

Mais pour se préparer à ces éventualités, qui peuvent être menaçantes ou glorieuses, selon que nous aurons su plus ou moins habilement les prévoir, il importe de se mettre en position de sortir de l'isolement qui nous paralyse, et de contracter des alliances sérieuses. Les moments sont précieux. L'Autriche et la Russie, les premiers violateurs des traités de 1815 par la confiscation de Cracovie, s'engagent de plus en plus dans une solidarité dangereuse pour l'Europe; sachons signaler à l'Europe ce danger. Sachons, par notre sagesse et notre fermeté à l'intérieur, lui prouver que nous ne voulons pas plus qu'elle des excès démagogiques. L'Allemagne, et elle est payée pour cela, redoute notre esprit de conquête; prouvons-lui qu'elle se trompe en secondant l'œuvre de sa reconstitution. Prouvons-lui qu'aujourd'hui, ce n'est pas contre l'occident qu'elle doit se garder, mais contre l'orient. Prouvons-lui qu'il y va de son existence, et que son intérêt et le nôtre sont solidaires. Prouvons-lui surtout, que le gouvernement issu chez nous des entrailles de la nation, est un gouvernement d'ordre, et à la fois prévoyant et ferme, qui portera, s'il le faut, fièrement le drapeau national, et saura mettre, sans hésiter, dans un des plateaux de la balance européenne, au profit de la vraie liberté et de la civilisation de l'Europe, cette vieille épée FRANCO-gauloise, dont les éclairs rayonnent à travers les siècles, depuis Charlemagne jusqu'à Napoléon.

Nous l'avons écrit ailleurs, et nous le répétons aujourd'hui, avec une conviction de plus en plus profonde : *L'Assemblée législative a une tâche immense à accomplir. Elle aura dans ses mains non seulement le sort de la France, mais le sort de l'Europe peut-être.*

Depuis que nous avons écrit ces lignes, la Russie, jusqu'alors immobile, a étendu sa main puissante sur la Hongrie; elle a étreint dans un embrassement perfide cette vieille Autriche, qui n'a pas craint d'oublier son origine et de se faire slave au détriment de la civilisation; la Sardaigne, vaincue à Novare, est devenue l'alliée forcée du Panslavisme, et la dernière étape de cette route sans obstacle, qui s'étend de la Vistule au Simplon; la Turquie a subi le traité de Balta-liman; les Slaves se sont groupés, et ils s'aguerrissent; le torrent du Panslavisme s'est élevé; le premier appui de la digue qui s'opposait à son débordement s'est rompu. Est-il possible de se méprendre à de pareils symptômes, et n'est-il pas bien à craindre que l'heure ne soit proche, où il ne sera plus possible de temporiser?

Mais, en terminant, une idée vient assaillir notre esprit. Le vent révolutionnaire qui, depuis un demi-siècle, a parcouru l'Europe, doit-il s'arrêter aux frontières de la Russie? De bons esprits pensent que non; ils croient que, travaillé sourdement par la propagation des idées libérales, cet empire touche lui-même à une crise, qui devra modifier profondément son état social, et que les dangers, dont l'ambition des Czars menacent l'Europe, seront conjurés par l'invasion de la liberté. Sans repousser comme impossible une pareille éventualité, nous ne saurions la présenter comme prochaine. En tout cas le doute est permis, et en admettant même qu'elle dût se réaliser avant peu, nous n'y verrions pas un motif suffisant pour arrêter nos défiances. Ce n'est pas en effet les souverains seuls qui sont ambitieux, les peuples le sont aussi, et les Slaves, sous ce rapport, ont fait leurs preuves. Un exemple récent, celui de la nation française, prouverait au besoin que les grandes commotions politiques et sociales, peuvent être favorables au développement de l'esprit de conquête. D'ailleurs la chute du despotisme aurait pour conséquence une amélioration dans le sort de la Pologne, et rendrait plus facile l'agglomération de la race slave. Ce que les Polonais détestent, c'est moins les Russes, que le gouvernement qui les asservit. Le jour où une révolution libérale les rendrait à la vie politique, en commun avec les Russes auxquels ils devraient la liberté, serait peut-être un jour heureux pour le Panslavisme.

Pour nous résumer d'un mot, le danger qni nous paraît menacer la France et tout l'occident de l'Europe, c'est le Panslavisme; et la digue qui nous paraît devoir lui être opposée, c'est la reconstitution des nationalités allemandes et latines. A la France appartient l'initiative de cette œuvre glorieuse, et nous espérons qu'elle ne faillira pas à sa mission.

Crépy, le 29 juin 1849.

DE FLEURY.